Für

Von

No. 8

Schöner lesen!

ISBN 978-3-649-63825-4
© 2021 Coppenrath Verlag GmbH & Co. KG
Hafenweg 30, 48155 Münster, Germany
Illustrationen: Kristina Labs
Grafische Gestaltung: Daniela Lengers, Laer
Redaktion: Nina Sträter und Anna Louisa Duckwitz

www.coppenrath.de

ZUM GEBURTSTAG DIE BESTEN WÜNSCHE

Das beste Alter ist jetzt

COPPENRATH

Ach wie schön,

dass du geboren bist!
Gratuliere uns, dass wir dich haben,
dass wir deines Herzens gute Gaben
oft genießen dürfen ohne List.

Deine Mängel, deine Fehler sind,
gegen das gewogen, harmlos klein.
Heute nach vierzig Jahren wirst du sein:
immer noch ein Geburtstagskind.

Möchtest du: nie lange traurig oder krank
sein. Und: wenig Hässliches erfahren. –
Deinen Eltern sagen wir unseren fröhlichen Dank
dafür, dass sie dich gebaren.

Gott bewinke dir
alle deine Schritte;
ja, das wünschen wir,
deine Freunde und darunter (bitte)
dein

Joachim Ringelnatz

Ich wünsche dir,
dass du
alle Tage deines Lebens
lebst.

JONATHAN SWIFT

Ich wünsche dir schöne Träume
und schönere Wirklichkeit,
und üppige Blütenbäume
und stete Fröhlichkeit.

FRIEDERIKE KEMPNER

Alle deine Himmel sollen blau sein,
alle deine Träume sollen wahr werden,
alle deine Freunde sollen wahrhaft wahre Freunde
und alle deine Freuden vollkommen sein.
Glück und Lachen sollen alle deine
Tage ausfüllen – heute und immerzu.
Ja, alle deine Träume sollen sich erfüllen.

IRISCHER SEGENSWUNSCH

Möge das Beste,
was dir in der Vergangenheit passiert ist,
das Schlechteste sein,
was in der Zukunft auf dich wartet.

REDENSART

Träume nicht dein Leben, lebe deinen Traum.
Denn Träume setzen Ziele
und Ziele kannst du erreichen.

TOMMASO CAMPANELLA

Ein *Traum* ist unerlässlich,
wenn man die Zukunft gestalten will.

VICTOR HUGO

Geburtstage sind eine Gelegenheit,
um freudvoll Pläne zu schmieden,
um Träume zu träumen und zu hoffen,
dass sie wahr werden.

KALENDERSPRUCH

DIE GESCHICHTE

DER MENSCHHEIT

WIE DES EINZELNEN

BEGINNT MIT

EINEM TRAUM.

WILHELM RAABE

HAB SONNE IM HERZEN!

Hab Sonne im Herzen,
ob's stürmt oder schneit.
Ob der Himmel voll Wolken,
die Erde voll Streit!
Hab Sonne im Herzen,
dann komme, was mag,
das leuchtet voll Licht dir
den dunkelsten Tag!

Hab ein Lied auf den Lippen
mit fröhlichem Klang,
und macht auch des Alltags
Gedränge dich bang!
Hab ein Lied auf den Lippen,
dann komme, was mag,
das hilft dir verwinden
den einsamsten Tag!

Hab ein Wort auch für andre
in Sorg und in Pein
und sag, was dich selber
so frohgemut lässt sein
Hab ein Lied auf den Lippen,
verlier nie den Mut,
hab Sonne im Herzen,
und alles wird gut!

CÄSAR FLAISCHLEN

NIMM DIR ZEIT

Nimm dir Zeit, um nachzudenken,
es ist die Quelle der Kraft.
Nimm dir Zeit, um zu spielen,
es ist das Geheimnis der Jugend.
Nimm dir Zeit, um zu lesen,
es ist die Grundlage des Wissens.
Nimm dir Zeit, um freundlich zu sein,
es ist das Tor zum Glück.
Nimm dir Zeit, um zu träumen,
es ist der Weg zu den Sternen.
Nimm dir Zeit, um zu lieben,
es ist die wahre Lebensfreude.
Nimm dir Zeit, um froh zu sein,
es ist die Musik der Seele.

IRISCHER SEGENSWUNSCH

Unsere Geburtstage sind Federn
in den breiten Flügeln der

Zeit.

JEAN PAUL

Was nützen dir
Liebe, Glück, Bildung, Reichtum,
wenn du dir nicht die Zeit nimmst,
sie in Muße zu genießen?

EMILIE VON GLEICHEN-RUSSWURM

DIE EINTAGSFLIEGE

An einem warmen Sommertag hatte die Eintagsfliege lange um die Krone eines alten Baumes getanzt, geschwebt und sich glücklich gefühlt. Nun ruhte sie sich einen Augenblick auf den großen frischen Blättern aus.

Da sagte der Baum: „Arme Kleine! Nur einen Tag währt dein ganzes Leben! Wie kurz das ist! Wie traurig!"

„Traurig?", erwiderte die Eintagsfliege. „Was meinst du damit? Alles ist so herrlich licht, so warm und schön, und ich bin glücklich!"

„Aber nur einen Tag, und dann ist alles vorbei!"

„Vorbei?", sagte die Eintagsfliege. „Was ist vorbei? Bist du auch vorbei?"

„Nein, ich lebe vielleicht Tausende von deinen Tagen, und meine Tage sind ganze Jahreszeiten."

„Nun, ich habe nicht Tausende von Tagen, aber ich habe Tausende von Augenblicken, in denen ich froh und glücklich sein kann! Hört denn alle Herrlichkeit dieser Welt auf, wenn du einmal stirbst?"

„Nein", sagte der Baum, „die währt gewiss länger, unendlich viel länger, als ich denken kann!"

„Aber dann haben wir ja gleich viel, nur dass wir verschieden rechnen!"

WEISHEITSGESCHICHTE

Ich wünsche dir zum Geburtstag
12 Monate Gesundheit,
52 Wochen Glück,
365 Tage ohne Stress,
8.760 Stunden Liebe,
525.600 Minuten Frieden
und 31.536.000 Sekunden Freude.

VOLKSGUT

*M*onde und Jahre vergehen
und sind auf immer vergangen,
aber ein schöner Moment
leuchtet das ganze Leben hindurch.

FRANZ GRILLPARZER

Ein Jahr ist nichts,

wenn man's verputzt,
ein Jahr ist viel, wenn man es nutzt.
Ein Jahr ist nichts; wenn man's verflacht;
ein Jahr war viel, wenn man es ganz durchdacht.
Ein Jahr war viel, wenn man es ganz gelebt;
in eigenem Sinn genossen und gestrebt.
Das Jahr war nichts, bei aller Freude tot,
das uns im Innern nicht ein Neues bot.
Das Jahr war viel, in allem Leice reich,
das uns getroffen mit des Geistes Streich.
Ein leeres Jahr war kurz, ein volles lang:
Nur nach dem Vollen misst des Lebens Gang,
ein leeres Jahr ist Wahn, ein volles wahr.
Sei jedem voll dies gute, neue Jahr.

HANNS VON GUMPPENBERG

Achte gut auf diesen Tag,
denn er ist das Leben,
das Leben allen Lebens.
In seinem kurzen Ablauf
liegt alle Wirklichkeit
und Wahrheit des Daseins,
die Wonne des Wachsens,
die Herrlichkeit der Kraft.
Das Gestern ist nichts als ein Traum,
und das Morgen nur eine Vision.
Aber das Heute – richtig gelebt –
macht jedes Gestern
zu einem Traum voller Glück
und das Morgen
zu einer Vision voller Hoffnung.
Achte daher gut auf diesen Tag.

DSCHALAL AD-DIN MUHAMMAD RUMI

Lebe so, dass du an jedem Abend sagen kannst:
Dieser Tag ist gewonnen.

IGNAZ AURELIUS FESSLER

Der gegenwärtige *Augenblick*
ist stets
voll unendlicher Schätze.

JEAN PIERRE DE CAUSSADE

Dein Vergangenes ist ein Traum
und dein Künftiges ist ein Wind.
Hasche den Augenblick,
der ist zwischen den beiden, die nicht sind.

FRIEDRICH RÜCKERT

HEUTE BIN ICH

SO GLÜCKLICH.

WAS FÜR EIN TAG –

KEINE WOLKE

AM HIMMEL.

CHARLES BAUDELAIRE

Genießen wir,
was uns der Tag beschert!
Wer weiß, ob solch ein Tag
uns wiederkehrt.

HAFIS

Geburtstage

sind die Tage,
an denen man das, was war, betrachtet,
das, was ist, bewertet und
das, was sein wird,
voller guter Hoffnung erwartet.

SAMUEL BUTLER

ICH WÜNSCH DIR WAS!

Ich wünsche dir Augen,
die die kleinen Dinge des Alltags
wahrnehmen und ins rechte Licht rücken;
ich wünsche dir Ohren,
die die Schwingungen und Untertöne
im Gespräch mit anderen aufnehmen;
ich wünsche dir Hände,
die nicht lange überlegen,
ob sie helfen und gut sein sollen;
ich wünsche dir zur rechten Zeit
das richtige Wort;
ich wünsche dir ein liebendes Herz,
von dem du dich leiten lässt.

Ich wünsche dir genügend Erholung
und ausreichend Schlaf,

Arbeit, die Freude macht,
Menschen, die dich mögen und bejahen
und dir Mut machen;
aber auch Menschen,
die dich bestätigen, die dich anregen,
die dir weiterhelfen, wenn du traurig bist
und müde und erschöpft.

Ich wünsche dir Sonne
in deinem Gemüt.
Ich wünsche dir viele gute Gedanken
und ein Herz, das überströmt in Freude
und diese Freude weiterschenkt.
Denn Freude ist eine Liebeserklärung
an das Leben.

VERFASSER UNBEKANNT

Das Geheimnis des Glücks ist es,
statt der Geburtstage
die Höhepunkte des Lebens zu zählen.

MARK TWAIN

Jedes *Lachen*
vermehrt das Glück auf Erden.

JONATHAN SWIFT

Fröhlichkeit und gute Laune
bleiben umso länger vorhanden,
je mehr sie verbreitet werden.

RALPH WALDO EMERSON

In uns selbst liegen die Sterne unseres Glücks.

HEINRICH HEINE

DAS HEMD DES GLÜCKLICHEN

Vor langer, langer Zeit lebte ein König, der sehr schwer erkrankte. Er versprach, die Hälfte seines Reiches demjenigen zu geben, der ihm Heilung bringen könnte. Da versammelten sich die Weisen des Landes und beratschlagten, wie dem König zu helfen sei. Aber niemand wusste einen Rat. Nur ein Weiser erklärte: „Wenn man einen glücklichen Menschen findet, ihm sein Hemd auszieht und es dem König anlegt, dann wird er genesen."

Daraufhin schickte der König Boten aus, die in seinem weiten Reich einen glücklichen Menschen suchen sollten. Aber es gab weit und breit keinen einzigen Menschen, der mit allem wahrhaft zufrieden und deshalb glücklich gewesen wäre. Der eine war zwar gesund, aber in seiner Armut unglücklich. Und wenn einer gesund und reich war, dann war die Ehe unglücklich oder seine Kinder waren nicht geraten. Kurz, jeder klagte über sein Los und nannte es ungerecht.

Eines Abends ging der Sohn des Königs an einer armseligen Hütte vorüber und hörte, wie drinnen jemand sagte: „Nun habe ich meine Arbeit getan, habe mich satt gegessen, satt getrunken und gehe schlafen – was fehlt mir noch? Ich bin der glücklichste Mensch."

Den Königssohn erfasste eine große Freude. Nach seiner Rückkehr in den Palast befahl er, diesem Mann sein Hemd auszuziehen. Man sollte ihm so viel Geld dafür anbieten, wie er nur wünschte, und sein Hemd dem König überbringen. Die Boten eilten zu dem Glücklichen – aber der Glückliche war so arm, dass er nicht einmal ein Hemd am Leibe hatte.

Da erkannte der König, dass das Glück nicht von außen kommt und dass jeder alles hat, um glücklich zu sein. So zog er jeden Morgen ganz bewusst das Hemd eines Glücklichen an und wurde gesund.

NACH LEO N. TOLSTOI

ICH WÜNSCHE,
DASS DEIN GLÜCK ...

sich jeden Tag erneue,
dass eine gute Tat
dich jede Stunde erfreue!
Und wenn nicht eine Tat,
so doch ein gutes Wort,
das selbst unsterblich wirkt
zu guten Taten fort.
Und wenn kein Wort,
doch ein Gedanke schön und wahr,
der dir die Seele mach
und rings die Schöpfung klar.

FRIEDRICH RÜCKERT

Keine Pflicht
wird so sehr vernachlässigt
wie die Pflicht,
glücklich und zufrieden zu sein.

ROBERT LOUIS STEVENSON

*A*lles Alte,
soweit es den Anspruch darauf verdient hat,
sollen wir lieben:
aber für das Neue
sollen wir eigentlich leben.

THEODOR FONTANE

Ich wünsche dir
die Fröhlichkeit eines Vogels
im Ebereschenbaum am Morgen,
die Lebensfreude eines Fohlens
auf der Koppel am Mittag,
die Gelassenheit eines Schafes
auf der Weide am Abend.

IRISCHER SEGENSWUNSCH

Wende dich ab von den Sorgen,
überlass alle Dinge dem Schicksal;
freu dich des Guten, das heute dir lacht,
und vergiss darüber alles Vergangene.

AUS „1001 NACHT"

UNSER GANZES LEBEN

IST EIN NIE

WIEDERKEHRENDER

GEBURTSTAG,

DEN WIR DARUM

UMSO FREUDIGER

BEGEHEN SOLLTEN.

JEAN PAUL

Ein Geschäftsmann kam zum Meister und wollte wissen, was das Geheimnis eines erfolgreichen Lebens sei.

Da sagte der Meister: „Mach jeden Tag einen Menschen glücklich!"

Und nach einer Weile fügte er hinzu: „Auch, wenn dieser Mensch du selbst bist."

Und noch ein wenig später sagte er: „Vor allem, wenn dieser Mensch du selbst bist!"

ZEN-GESCHICHTE

Leicht zu leben ohne Leichtsinn,
heiter zu sein ohne Ausgelassenheit,
Mut zu haben ohne Übermut –
das ist die

Kunst des Lebens.

THEODOR FONTANE

Durchwandle froh und heiter
dein Leben Jahr für Jahr,
das Glück sei dein Begleiter,
dein Himmel ewig klar!

VOLKSGUT

Die Freude und das *Lächeln*
sind der Sommer des Lebens.

JEAN PAUL

Man braucht im Leben
nicht nur Geld allein,
man braucht auch Liebe, Freude, Glück –
von allem wünsch ich dir ein Stück!

FRANÇOIS RABELAIS

Ich wünsche dir
immer einen heiteren Himmel
über allem, was du gerne tust,
über den Dingen, die du liebst.

IRISCHER SEGENSWUNSCH

Ergreife die *Freude* mit beiden Händen,
wann immer sie dir begegnet.
Und dann halte sie fest.

ANNA GÖLLNER

Seelenruhe,
Heiterkeit und Zufriedenheit
sind die Grundlagen allen Glücks,
aller Gesundheit und des langen Lebens.

CHRISTOPH WILHELM HUFELAND

Nur der mit *Leichtigkeit,*
mit Freude und Lust
die Welt sich zu erhalten weiß,
der hält sie fest.

BETTINA VON ARNIM

Will das *Glück* nach seinem Sinn
dir was Gutes schenken,
sage Dank und nimm es hin
ohne viel Bedenken.

Jede Gabe sei begrüßt,
doch vor allen Dingen:
Das, warum du dich bemühst,
möge dir gelingen.

WILHELM BUSCH

DAS LEBEN WIRD

REICH UND

UNGLAUBLICH VIELFÄLTIG,

WÄHREND MAN

ÄLTER WIRD.

FRANCESCA ANNIS

Wir werden nicht älter mit den Jahren,
wir werden neuer jeden Tag.

EMILY DICKINSON

Denke immer daran,
dass es nur eine wichtige Zeit gibt:

Heute. Hier. Jetzt.

LEO N. TOLSTOI

Jeder, der sich die Fähigkeit erhält,
Schönes zu erkennen,
wird nie alt werden.

FRANZ KAFKA

GEBET DES
ÄLTER WERDENDEN MENSCHEN

O Herr, du weißt besser als ich, dass ich von Tag zu Tag älter und eines Tages alt sein werde. Bewahre mich vor der Einbildung, bei jeder Gelegenheit und zu jedem Thema etwas sagen zu müssen.

Erlöse mich von der großen Leidenschaft, die Angelegenheiten anderer ordnen zu wollen.

Lehre mich, nachdenklich (aber nicht grüblerisch), hilfreich (aber nicht diktatorisch) zu sein. Bei meiner ungeheuren Ansammlung von Weisheit erscheint es mir ja schade, sie nicht weiterzugeben – aber du verstehst, o Herr, dass ich mir ein paar Freunde erhalten will.

Bewahre mich vor der Aufzählung endloser Einzelheiten und verleihe mir Schwingen, zur Pointe zu gelangen.

Lehre mich schweigen über meine Krankheiten und Beschwerden. Sie nehmen zu, und die Lust, sie zu beschreiben, wächst von Jahr zu Jahr.

Ich wage nicht, die Gabe zu erflehen, mir die Krankheitsschilderungen anderer mit Freude anzuhören, aber lehre mich, sie geduldig zu ertragen.

Lehre mich die wunderbare Weisheit, dass ich mich irren kann.

Erhalte mich so liebenswert wie möglich. Ich möchte kein Heiliger sein – mit ihnen lebt es sich so schwer –, aber ein alter Griesgram ist das Krönungswerk des Teufels.

Lehre mich, an anderen Menschen unerwartete Talente zu entdecken, und verleih mir, o Herr, die schöne Gabe, sie auch zu erwähnen.

TERESA VON ÁVILA

Ich mag die Träume von der Zukunft lieber
als die ganze Geschichte der Vergangenheit.

THOMAS JEFFERSON

*D*as Leben wird nicht gemessen
an der Zahl der Atemzüge, die wir machen,
sondern an den
Orten, Menschen und Augenblicken,
die uns den Atem rauben.

VERFASSER UNBEKANNT

Schau zurück!
Und lerne,
das Leben in Momente zu teilen,
nicht in Jahre.

WILFRED OWEN

Was auch immer
mit der Vergangenheit vergangen ist,
das Beste liegt immer noch vor uns.

LUCY LARCOM

Lasst uns immer
in den großen Traum
des Lebens
kleine bunte Träume
weben.

JEAN PAUL

Träume dir dein Leben schön
und mach aus diesen Träumen eine

Realität.

MARIE CURIE

Möge deine Zukunft
nur durch deine Träume
begrenzt sein.

JOHANN WOLFGANG VON GOETHE

DIE SONNE scheint für dich – deinetwegen; und wenn sie müde wird, beginnt der Mond, und dann werden die Sterne angezündet.

Es wird Winter, die ganze Schöpfung verkleidet sich, spielt Verstecken, um dich zu vergnügen.

Es wird Frühling; Vögel schwärmen herbei, dich zu erfreuen; das Grün sprießt, der Wald wächst schön und steht da wie eine Braut, um dir Freude zu schenken.

Es wird Herbst, die Vögel ziehen fort, nicht weil sie sich rar machen wollen, nein, nur damit du ihrer nicht überdrüssig würdest.

Der Wald legt seinen Schmuck ab, nur um im nächsten Jahr neu zu erstehen, dich zu erfreuen ...

All das sollte nichts sein, worüber du dich freuen kannst?

Lerne von der Lilie und lerne vom Vogel, deinen Lehrern: Zu sein heißt für heute da sein – das ist Freude.

Lilie und Vogel sind unsere Lehrer der Freude.

SØREN KIERKEGAARD

ICH HABE HEUTE

EIN PAAR BLUMEN

FÜR DICH

NICHT GEPFLÜCKT,

UM DIR IHR LEBEN

MITZUBRINGEN.

CHRISTIAN MORGENSTERN

Kummer sei lahm!
Sorge sei blind!
Es lebe das

Geburtstagskind!

THEODOR FONTANE